최고의 축구 선수가 되는 방법

레이첼 얀키 글 솔 리네로 그림 박정화 옮김

바나나BOOK

최고의 축구선수가 되는 방법

레이첼 얀키 글 · 솔 리네로 그림 · 박정화 옮김

처음 펴낸날 · 2024년 11월 15일
펴낸이 · 김금순
펴낸곳 · 바나나북
출판등록 · 제2013-000080호
주소 · 서울 광진구 천호대로 709-9 음연빌딩 2층
전화 · (02)716-0767   팩스 · (02)716-0768
이메일 · ibananabook@naver.com
블로그 · www.bananabook.co.kr

HOW TO BE A FOOTBALLER AND OTHER SPORT JOBS

First published 2021 by Nosy Crow Ltd of
Wheat Wharf, 27a Shad Thames London, SE1 2XZ, UK
Text © Rachel Yankey 2021
Illustrations © Sol Linero 2021
Translation Copyright © 2024 DNB Story Co. Bananabook
This translation of HOW TO BE A FOOTBALLER AND OTHER SPORT JOBS is published by arrangement with
Nosy Crow Limited through KidsMind Agency, Korea.
All rights reserved.

ISBN 979-11-88064-49-6 74190

• 바나나북은 크레용하우스의 임프린트이며 디엔비스토리의 아동 · 청소년 브랜드입니다.

| 차 례 |

축구란 무엇일까?

축구는 세계에서 가장 인기 있는 스포츠 중 하나예요. 거의 모든 나라에서 즐기고
사랑받으며 누구나 어디서든 할 수 있어요. 하지만 정확히 축구는 무엇일까요?

축구는 **11명의 선수로 이루어진 두 팀**이 펼치는 빠르고 힘찬 팀 스포츠예요. 각 팀 선수들은
경기장에서 끊임없이 움직이며 공을 차고, 빼앗고, 골을 넣어 득점해요. 많은 장비가
필요하지 않기 때문에 **약간의 공간과 공만으로도**, 그리고 상황에 따라 더 작은 규모의
팀과도 경기할 수 있으므로 쉽게 시작할 수 있는 스포츠랍니다.

많은 사람이
재미로 축구를
즐기지만,
재능이 뛰어난
사람들은 **축구가**
직업이 되기도 합니다.
이러한 프로 축구 선수들은 자신이
가장 좋아하는 경기를 하며 돈을 벌어요.

대부분의 나라에는 마을이나 도시에 기반을 둔 수백 개의 축구 클럽이 있어요. 각각의 팀들은 수준별로 누가 챔피언이 될지 결정하기 위해 한 시즌 동안 리그 시스템이라고 불리는 대회에서 경쟁해요.

최고 수준의 리그는 일반적으로 프로 선수들로 구성되어 있어요. 이 리그에는 10~24개 사이의 팀이 포함되어 있고, 한 시즌 경기는 약 10개월 동안 치러져요. 영국의 프리미어 리그와 같은 최고 리그는 수백만 명이 시청한답니다.

알고 있었나요?

미국에서 축구는 1800년대 이후로 '사커(soccer)'로 불려 왔어요. 미국에서 풋볼(football)은 미식축구를 의미한답니다. Soccer는 축구 협회라는 뜻의 영어 Football association의 중 간 철자 SOC에서 유래되었어요.

축구의 역사

공으로 하는 운동은 수천 년 동안 전 세계에서 해 왔어요.
그럼 축구는 어디에서 시작되었을까요?

고대 중국 병사들은
축국을 했어요.
두 개의 기둥에 묶인
천의 구멍으로 공을 차서
넣었답니다.

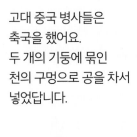

유럽에서 마을
사람들끼리 길에서
공놀이를 했어요.

1857년 세계 최초의 축구
클럽인 **셰필드 F.C.**가
영국에서 결성되었어요.

| 기원전 200년 | 기원전 100년 | 1200~1300년 | 1848년 | 1857년 |

영국의 유명 학교와 축구
클럽의 대표가 모여 축구
규칙을 표준화해 캠브리지 룰을
만들었어요. 이 규칙이 현대
축구의 기초를 형성했답니다.

고대 그리스인들이
올림픽에 공으로 하는
구기 종목을 도입했어요.

영국에서 잉글랜드 축구
협회가 결성되었고
반칙을 금지했어요.

국제축구연맹 FIFA가
창설되었어요. FIFA는 전 세계
축구 대회를 주관하는 스포츠
단체랍니다.

최초의 월드컵은 남아메리카 우루과이에서
시작되었고 우루과이가 승리했어요!
트로피는 월드컵 대회를 만든 쥘 리메의
이름을 따서 쥘 리메 컵으로 지어졌어요.

| 3년 | 1888년 | 1904년 | 1921년 | 1930년 |

잉글리시 풋볼 리그가
창설되었고 그로부터 3년
후 골네트를 도입했어요.
선수들이 득점했는지
바로 알 수 있게 되었죠.

여자 축구는 제1차 세계 대전 동안 매우 인기 있는
스포츠였어요. '릴리 파'는 최초의 여자 축구 선수 중
한 명이었고 그녀의 팀 '딕 커스 레이디스'는 다른
나라에서 반바지를 입고 경기를 한 최초의 여자 축구
선수들이었지요. 몇 년 후, 잉글랜드 축구 협회는 여자
축구를 금지했어요. 여자 축구의 인기가 높아지면
남자 축구에 관한 관심이 줄어들까 봐 걱정되었기
때문이에요.

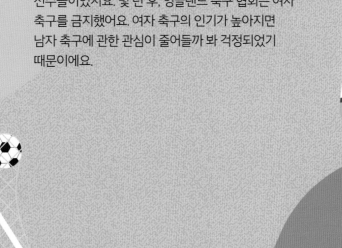

최초의 여자 월드컵은
중국에서 개최되었고
미국이 우승했어요.

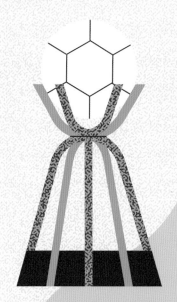

프랑스

앙투안 그리즈만
267*

크로아티아

루카 모드리치
145*

*2018년 뛴 경기수

월드컵 경기에서 영국이 독일을 상대로
4 대 2로 승리했어요. 영국에서 개최되었고
결승전은 구 웸블리 스타디움에서
열렸어요. 월드컵 트로피를 도난당했다가
일주일 만에 '피클스'라는 이름의 개가
되찾아 주었답니다.

풀럼 레이디스 풋볼 클럽은
영국 최초의 프로 여성 축구
클럽이 되었어요.

10억 명이 넘는 사람들이 러시아
월드컵 결승전에서 프랑스가
크로아티아를 상대로 4 대 2로
승리하는 것을 보았어요. 하지만
크로아티아가 보여 준 경기력은
최고였죠.

| 1966년 | 1969년 | 1991년 | 2000년 | 2002년 | 2014년 | 2018년 |

영국에서 여자 축구
협회(WFA)가 결성되었고,
2년 뒤 잉글랜드 축구
협회는 여자 축구
금지령을 취소했어요.

우리나라와 일본에서
월드컵이 열렸어요.
대한민국 축구팀이
4강에 올라갔어요.

2014년 브라질 월드컵에서
자동 골라인 감지 기술이
도입되었어요. 더 공정한
판정을 위해서였죠.

왜 축구를 하는 걸까?

축구는 친구를 사귀고 건강을 유지하는 좋은 운동이에요.
또 흥미로운 관람 스포츠이기도 합니다.

프로 선수들의 경기에서부터
운동장에서 경기하는 친구들까지,
빠른 속도로 진행되는
흥미진진한 경기를 보는 것은
즐거워요. 응원하는 선수나
팀이 있다면 거리와 상관없이
생중계를 통해 집에서도
놀라운 골 득점과 선수들의
화려한 기술을 볼 수
있어요.

축구를 즐기기 위해서는 축구 업계에서 일하는 사람들이 있어야 해요.
축구와 관련된 직업은 매우 다양하답니다.

감독　　　　팀 닥터

물론 축구 선수도
빼놓을 수 없지요!

심판　　　축구 전문 기자

오늘날의 축구 경기

오늘날 최고의 프로 축구 선수들은 전 세계를 상대로 경기해요.

월드컵은 스포츠 대회 중 가장 큰 대회예요. 4년마다 열리며 매번 다른 국가에서 치뤄져요. 100개 이상의 국가가 월드컵에 참가하며 남자 월드컵에서는 32개 팀이, 여자 월드컵에서는 24개 팀이 결승에 진출합니다. 최종 한 국가가 **월드컵 챔피언**이 될 때까지 4주에 걸쳐 경기를 펼쳐요.

축구는 1900년부터, 여자 축구는 1996년부터 **올림픽 종목**에 포함되었어요. 올림픽에는 월드컵과의 차별화를 위해 23세 이하 선수들만 출전할 수 있는데 23세를 초과하는 선수 3명은 출전할 수 있어요. 여자 축구에는 나이 제한이 없답니다.

알고 있었나요?

브라질은 월드컵에서 가장 많이 우승한 국가로 총 5번 우승했습니다! 미국은 여자 월드컵에서 4번 우승했고요.

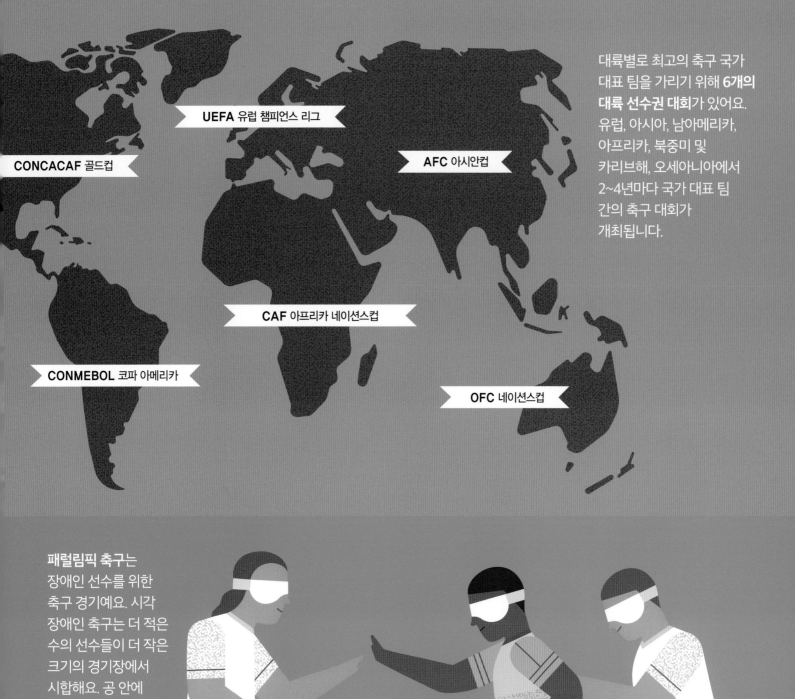

대륙별로 최고의 축구 국가 대표 팀을 가리기 위해 **6개의 대륙 선수권 대회**가 있어요. 유럽, 아시아, 남아메리카, 아프리카, 북중미 및 카리브해, 오세아니아에서 2~4년마다 국가 대표 팀 간의 축구 대회가 개최됩니다.

CONCACAF 골드컵

UEFA 유럽 챔피언스 리그

AFC 아시안컵

CAF 아프리카 네이션스컵

CONMEBOL 코파 아메리카

OFC 네이션스컵

패럴림픽 축구는 장애인 선수를 위한 축구 경기예요. 시각 장애인 축구는 더 적은 수의 선수들이 더 작은 크기의 경기장에서 시합해요. 공 안에 딸랑이가 들어 있어서 선수들은 그 소리를 듣고 공을 찾을 수 있지요.

축구에는 어떤 규칙들이 있을까?

축구는 축구 경기장에서 진행돼요. 축구 경기장은 직사각형 모양인데 구역을 반으로
나누어 각 팀의 구역이 됩니다.

페널티 지점:
골대 주변 구역에서
수비팀이 반칙하면,
공격팀은 페널티킥을
얻습니다. 공격팀은
페널티 지점에 공을
놓고 골대를 향해 공을
한 번 찰 수 있어요.

드롭!
볼이 있던 위치로
돌아가세요.

스위치!
공을 경기장 반대편으로
패스하세요.

골라인:
공이 상대팀 골대
앞의 이 선을 넘으면
득점이에요.

플레이어 온!
태클을 시도하려는
선수를 조심하세요.

알고 있었나요?
한 선수가 한 경기에서 3득점을
얻으면 해트트릭이라고 합니다.

경기는 90분간 진행되며, 전반 45분과 후반 45분 사이에 15분의 휴식 시간이 있어요.
팀들은 전반전 동안 한쪽 골대를 차지하고, 후반전에는 위치를 바꾸어 반대편 골대를 차지해요.
다른 스포츠와 마찬가지로 축구도 알아야 할 많은 규칙이 있어요. 심판이 레드카드를 주면 퇴장 처리되어
그 즉시 경기장을 나가야 해요. 파울 또는 다이빙을 하거나 심판에게 항의할 경우 경고의 의미로
옐로카드가 주어져요. 같은 경기에서 두 장의 옐로카드를 받으면 레드카드와 같아져 퇴장 처리된답니다.

푸시 업!
계속 움직여서 공에
더 가까이 가세요.

파울:
선수가 경기 중에 규칙에 어긋난다고 판단되는
행동을 하면 파울이 주어집니다.

센터 스폿:
전반전과 후반전 시작 후,
그리고 골이 들어간 직후 경기
시작을 위해 이곳에 공을
놓습니다.

?

다이빙은 상대 팀 선수가
반칙한 것처럼 보이기 위해
다친 척하는 행동이에요.

축구 선수는 어떻게 될 수 있을까?

선수가 되어 축구를 하는 것은 육체적으로 힘든 일이기 때문에 무엇보다 믿을 수 없을 만큼
강한 체력이 필요해요. 어떤 선수들은 한 경기에서 무려 15㎞를 뜁니다!

축구 기술을 익히기 위해서는 축구 경기를
보면서 선수들을 따라 하는 것부터 시작할 수
있어요. 이러한 기술을 배우는 것이 재미있고
팀의 일원으로 뛰고 싶다면, 학교나 지역에
소속된 팀에 들어갈 수 있어요.

팀에 들어가면 **코치에게 지도를 받으며**
혼자서는 물론 동료들과 함께 **가능한 한
많이 연습해야 해요.** 연습을 많이 하면
할수록 축구를 더 잘하게 돼요. 코치는
선수들의 **자신감을 키워 주고** 공 앞에서
용기를 가지고 경기할 수 있도록 도울
거예요. 좋은 경기를 하지 못했다면 빨리
회복해야 하므로 패배하더라도 너무
속상해하지 않는 것이 중요해요.

유럽의 **축구 아카데미**는 재능 있는 선수를 키우기 위한 훈련 프로그램을 갖춘 특수 기숙 학교예요. 아카데미에서 선수들은 매일 정규 수업을 받으며 훈련해요. 아카데미에 입학하기 위해서는 테스트를 통과하거나 **인재 스카우터**에 의해 발굴되어야 해요.

축구 기량 테스트는 선수 개인의 기술뿐 아니라 중압감 속에서도 얼마나 침착할 수 있는지 테스트해요. 코치나 인재 스카우터는 유소년팀에서 뛸 수 있을 만한 유망주를 찾을 거예요.

많은 팀에서
선수들의 힘과 속도
그리고 역량을 측정하기
위해 체력 테스트를 해요.
체력 테스트를 통해 코치가
선수 개개인을 위한 **훈련 프로그램**을
만들지요.

모든 선수는 개개인의 특성도
다르고 맡은 포지션도 다르므로
경기장에서도 각자 **다른
역할**을 해요.

축구 선수들은 어떤 훈련을 할까?

축구 선수들은 일주일에 한 번 정도 경기를 하고 나머지 시간은 하루 2~4시간 정도 훈련을 하며 실전에 대비해요.

평상시 훈련을 할 때 선수들은 아침 일찍 훈련장에 도착해요. 선수들은 체력을 위해 항상 먹는 것에 세심한 주의를 기울여야 해요. 아침 식사로 충분한 에너지를 공급할 수 있는 **탄수화물과 단백질**이 포함된 건강한 음식을 먹어요.

아침 식사 후에는 **팀 회의**를 통해 각 선수가 그날 어떤 훈련에 집중할 것인지 이야기해요.

그런 다음 선수들은 **공을 다루는 기술과 팀워크를 향상하기 위한 훈련**을 시작해요. 반복 훈련이라고 부르는 이 **훈련**은 다양한 운동을 반복적으로 하도록 구성되어 있어요.

모든 축구 선수는 가장 기본적인 기술인 **공 차는 방법**부터 배우기 시작해요. 축구 선수들은 발가락을 쉽게 다칠 수 있어서 축구화의 발등 부분, 특히 안쪽 면을 사용해 공을 차요. 이렇게 함으로써 **더 강력하게 공을 차고 정확하게 패스하고 안정적으로 공을 제어할 수 있어요.**

기본적인 공 차기를 익히고 나면 경기에 필요한 더 복잡한 기술을 배우기 위한 훈련을 해요.

패스

슈팅

태클

헤딩

알고 있었나요?

드리블할 때는 고개를 들고 어디로 갈지 확인하는 걸 잊지 마세요!

드리블

그리고 **세이빙**
(골키퍼가 몸을 던져 공을 막아 내는 것)

17

축구 경기를 위해서는 어떤 준비가 필요할까?

경기가 있는 날은 평상시 훈련하는 날과 매우 달라요. 첫째, 팀은 경기가 열리는 경기장까지 이동해야 해요.

골키퍼를 제외한 축구 선수들은 모두 같은 유니폼을 입고 정강이 보호대와 축구화 등의 장비를 착용해요.
골키퍼는 심판이 쉽게 식별할 수 있도록 동료나 상대 팀과는 **다른 색의 유니폼**을 입어요.
또한, 골키퍼는 손으로 공을 잡아야 하므로 **공이 잘 잡히는 장갑**도 착용해요.

축구팀은 일반적으로 **홈 유니폼**이라고 부르는 **특정 색**의 유니폼을
착용해요. 상대 팀과 색이 겹치지 않도록 어웨이 유니폼이라 부르는 **다른**
색의 제2유니폼을 착용하기도 해요. 어떤 팀은 또 다른 색의 제3 유니폼을
입는 일도 있어요. 1933년 축구 선수들은 **유니폼 상의에 등번호와 이름을**
쓰기 시작했어요. 심판은 선수들을 쉽게 구별할 수 있게 되었죠.

경기 전에 선수들은 몸을 풀어야 해요. 달리기와 공 차기를 천천히 시작해서 점점 빠르게 하며 **준비 운동**을 해요. 준비 운동은 심장이 근육에 더 많은 혈액을 보내 근육을 부드럽고 신축성 있게 만들어 활동할 준비를 하게 해요. 부상을 예방하고 경기 전 마음의 준비를 할 수 있는 좋은 방법이기도 하지요.

알고 있었나요?

유럽에서 축구팀이 팀 유니폼을 입기 전까지는 팀 모자를 썼어요. 현재는 모자를 쓰지 않지만 나라를 대표해 국제 경기에 출전할 때마다 선수들은 대표팀이 되었다는 의미로 '모자를 썼다'라고 표현하기도 해요.

14

9

5

6

준비 운동이 끝나고 나면 **감독**은 경기를 위한 **전술**에 대해 선수들과 이야기해요. 전술에는 선수 대형과 배치 및 수비와 공격의 편성 등이 포함되며 상대 팀에 따라 매 경기 다르게 적용돼요.

국제 경기 시작 전에는 양 팀 모두 **국가**를 불러요. 원정 팀이 먼저 부르고 그다음 홈 팀이 부릅니다. 각 나라의 축구 토너먼트 대회인 FA컵의 결승전과 같은 주요 경기에서도 국가가 연주돼요.

축구팀에서 선수 개개인의 역할은 무엇일까?

축구 선수들은 팀 내에서 자신의 포지션에 따라 각자 다른 기술이 필요해요.

일부 선수들은 **여러 포지션**에서 뛸 수 있는 **능력**을 갖추고 있어요.
함께 좋은 경기를 하기 위해서는 10명의 필드 선수와 골키퍼가
다 같이 **소통하며** 감독의 지시를 **잘 따라야 해요.**

골키퍼는 경기 내내 모든
선수의 움직임을 눈앞에서 볼 수
있는 유일한 선수이기 때문에
팀원들에게 어디에 있어야
하는지 지시할 수 있어야 해요.
골키퍼는 **용감하고 슛에 빠르게
반응**할 수 있어야 하고요.
골키퍼는 일반적으로
**키가 매우 크며, 손이
큰 것도 도움**이
되지요.

수비수는 **위험을 감지**하고
상대 팀의 공격과 득점을
막아야 해요. 수비수는 **헤딩을
잘하고** 경기에 세심한 주의를
기울여야 해요.

모든 팀에는 **주장**이 있어요. 주장은 **긍정적인 태도**를 가진 **강한 리더**여야 해요. 주장은
팀원들을 잘 이끌어야 하기 때문에 지시를 내리고 **다른 사람의 말을 듣는 데 능숙**해야 해요.

알고 있었나요?

주장은 보통 팔에 완장을 차고 있어서
모두가 알아볼 수 있어요.

공격수는 예리한 상황
인식과 **빠른 움직임**이
필요해요. 슛을 책임지기
위해서는 침착해야 하며
빠르게 판단하고 **실수를
두려워하지 않아야** 해요.

미드필더는 팀을 위해
공격과 수비를 모두 할 수
있어야 해요. 그들은 **어떤
조건에서도 자기 능력을
다하는 선수**로서 경기장을
쉬지 않고 질주할 수 있는
충분한 체력이 있어야 하며,
태클과 패스를 잘해야 해요.

축구 선수들은 경기가 없을 때 무엇을 할까?

프로 선수는 축구 하나만을 직업으로 삼지만 그 외의 준프로 선수들은 아마도 축구 외에
다른 직업이 하나씩 더 있을 거예요. 요리사에서 목수까지 다양하답니다.

축구 선수들은 한 팀에 영원히 머물지 않아요. 실제로 선수들은 여름에 한 번 그리고 겨울에 한 번 **'이적 창구'**가 열리는 지정된 기간 동안 다른 팀으로 소속을 옮길 수 있어요. 팀을 옮기려면 적응력이 뛰어나고 동료를 사귀는 데도 능숙해야 하지요.

때로 선수들은 다른 언어권에 속하는 국가의 팀으로 이적하기도 해요. 이런 경우 언어를 따로 배우는 것이 매우 유용하지만, **하나의 팀으로 축구**를 하면서 빠르게 언어를 배울 수 있습니다.

> 알고 있었나요?
>
> 축구 선수도 인터뷰하고, 대중을 만나고,
> 각종 광고를 촬영할 수 있으므로
> 사람들과 의사소통을 잘해야 해요.

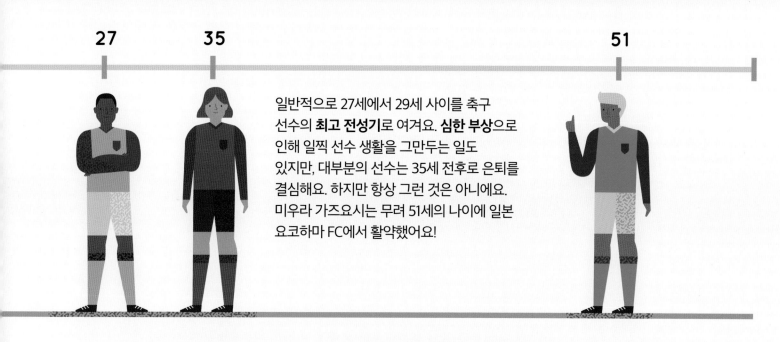

27　35　51

일반적으로 27세에서 29세 사이를 축구 선수의 **최고 전성기**로 여겨요. **심한 부상**으로 인해 일찍 선수 생활을 그만두는 일도 있지만, 대부분의 선수는 35세 전후로 은퇴를 결심해요. 하지만 항상 그런 것은 아니에요. 미우라 가즈요시는 무려 51세의 나이에 일본 요코하마 FC에서 활약했어요!

축구 선수들은 **훈련이나 경기를 하지 않거나** 혹은 은퇴하더라도 여전히 바쁘게 지냅니다!

많은 선수가 골프, 수영, 낚시 등 다칠 가능성이 적은 **다른 스포츠**를 즐겨요.

유연성, 근력, 균형 감각을 키우기 위해 요가나 발레를 하는 선수도 있지요.

다른 사람들과 마찬가지로 온라인 게임, 독서, 음악 감상과 같은 **취미 생활**을 하기도 해요.

축구 경기장에서 사람들은 어떤 일을 할까?

규칙을 따르는 일에 민감하다면 경기를 관리하는 일이 여러분에게 잘 맞을 수도 있어요.
축구 경기장에는 경기가 원활하게 진행되도록 돕는 많은 사람들이 있어요.

경기장에는 항상 시간을 엄수하고
공정한 경기 진행을 책임지는 **주심**이
있어요. 주심은 **옳고 그름**에 대한
빠른 판단력이 있어야 하며 자신의
결정에 동의하지 않는 군중의 야유도
두려워하지 않아야 해요.

축구 경기의 심판은 주장이 되어
심판하는 주심과 주심을 보좌하는
두 명의 부심이 있어요. 부심은
터치라인을 가로지르며 깃발을
사용하여 주심에게 신호를 보내요.
주심이 보지 못하는 세부 적인 것을
주의 깊게 확인하지요.

축구팀은 보통 **관리인**을 고용해서 **경기장을 관리**해요.
일 년 내내 어떤 날씨에도 잔디가 얼거나 마르지 않도록
관리하지요.

매표소

티켓을 판매하는
티켓 판매 직원과
같이 **경기 준비**를
위해서는 다양한
직업이 필요해요.

음식과 음료를 판매하는
사람들, 축구 팬들의 안전을
책임지고 길 안내를 돕는
안전 요원, 경기장을 깔끔하게
유지하는 **청소원** 등이 있어요.

그밖에 축구와 관련된 직업에는 어떤 것들이 있을까?

수천 명의 팬 앞에서 뛰는 모든 축구 선수를 위해 수백 명의 사람이 각자의 위치에서 열심히 노력하고 있어요.
어떤 일을 하는 사람들일까요?

각 팀에는 선수들을 관리하는 **팀 닥터**가 있어요. 경기 당일, 팀 닥터는 경기장에서 대기하며 **예기치 못한 부상이 발생할 경우**를 대비해요. 축구 선수들은 경기 중에 서로 충돌하는 경우가 많아 부상 위험이 크기 때문에 팀 닥터의 역할이 매우 중요해요.

축구 에이전트는 선수나 감독을 위해 일하며 계약, 스케줄, 마케팅 등을 관리해요. 선수가 팀에 합류하거나 상업 브랜드와 함께 일하기 전에 계약을 진행하고 거래를 협상하지요.

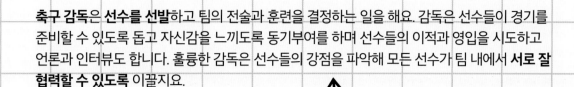

축구 감독은 **선수를 선발**하고 팀의 전술과 훈련을 결정하는 일을 해요. 감독은 선수들이 경기를 준비할 수 있도록 돕고 자신감을 느끼도록 동기부여를 하며 선수들의 이적과 영입을 시도하고 언론과 인터뷰도 합니다. 훌륭한 감독은 선수들의 강점을 파악해 모든 선수가 팀 내에서 **서로 잘 협력할 수 있도록** 이끌지요.

경기 중에 선수가 다치면 **의무 트레이너**가 경기장 안으로 들어가 선수의 상태를 확인해요. 가벼운 부상일 경우, 의무 트레이너는 **'에어 파스'**를 사용하여 부상 부위의 감각을 잠시 마비시켜 선수가 경기를 계속할 수 있도록 도와요.

감독과 함께 일하는 **팀 코치**는 **팀 훈련**을 담당해요. 일반적으로 각 팀에 선수들을 담당하는 코치는 한 명 이상이며 골키퍼에게는 별도의 코치가 있어요. 코치들은 대부분 과거에 직접 축구를 했던 경험이 있어요.

축구 관련 미디어에서 일하는 건 어떨까?

축구 업계에는 실시간으로 경기를 보며 전문적인 의견을 제공하는 해설 위원에서부터 축구팬들이 경기를 이해할 수 있도록 보이지 않는 곳에서 일하는 사람들까지 다양한 종류의 미디어 관련 직업이 있어요.

축구 해설 위원은 정확한 경기 내용을 실시간으로 방송을 통해 **시청자에게 전달**해요. 해설 위원은 음향 엔지니어나 프로듀서, 중계 캐스터와 매우 긴밀하게 협업해야 해요.

축구 전문 기자는 팀이 어떤 경기를 했는지 또 개별 선수들의 이야기 그리고 뉴스가 될 만한 **흥미로운 축구 이야기**에 관해 기사를 써요. 이러한 기사는 신문과 잡지에 실리거나 온라인에서 읽을 수 있어요.

홍보 담당자는 선수들의 인터뷰를 조율하는 일을 담당해요. 또한, 경기 전후로 진행되는 감독의 **기자 회견**을 책임지고 있지요. 기자 회견을 통해 기자들은 감독과 선수들에게 공식적으로 질문을 합니다.

중계 캐스터는 경기를 소개하고 각 팀에 대한 많은
정보를 방송으로 제공해요. 중계 캐스터와 해설 위원은
경기에 대해 **명확하고 자신감 있게** 설명할 수 있어야
하며 **사람들과 대화**하는 데 능숙해야 하지요.

1-3   82:34

특별한 축구 관련 직업이 더 있을까?

인재 스카우터는 축구 클럽에 소속되어, 팀에 합류할 재능 있는
선수들을 찾아요. 16세 이하, 18세 이하, 21세 이하와 같은 다양한
연령대의 선수를 찾는 여러 유형의 스카우터가 있어요. 스카우터는
선수를 찾기 위해 다양한 나라로 많은 여행을 해야 하므로 이동이 많은
생활을 즐겨야 해요.

알고 있었나요?

미국의 인터 마이애미 CF에서 뛰고 있는
리오넬 메시와 같은 세계적인 선수는
연간 700억 이상을 벌기도 해요!

스포츠 전문 변호사는 일반적으로 선수들에게 필요한 법적 업무를 처리해요. 종종 길고 복잡한 계약서를 작성하고 검토하기 때문에 **인내심과 세부 사항에 대한 꼼꼼한 안목**이 필요해요.

일부 팀에는 훈련장에서 그리고 매 경기 전후에 선수들을 위해 음식을 준비하는 **팀 셰프**가 있어요.

사진작가는 팀과 함께 일하며 구단 프로그램, **소셜 미디어, 구단 홍보**를 위한 여러 가지 사진을 찍어요.

축구는 모두를 위한 스포츠이므로 구단은 학교나 자선 단체와 같은 **지역 사회의 다른 기관**과 다양한 활동을 해요. 그 일을 하는 **봉사 활동 담당자**는 사람들과 소통하고 새로운 친구를 사귀는 것을 좋아해야 합니다.

레이첼 얀키(Rachel yankey) 글

영국의 축구 선수였으며 축구 홍보 대사예요. 16세에 아스널에서 선수 생활을 시작해 캐나다와 미국에서 선수 생활을 하다가 2000년 풀럼에 입단하면서 영국 최초의 여성 프로 축구 선수가 되었어요. 아스널의 FA 여자 프리미어 리그 챔피언십 5회 우승, FA 여자 컵 11회 우승, FA 여자 프리미어리그 컵 7회 우승에 기여했어요. 학교에서 축구를 가르치고 있으며 매우 열정적이며 긍정적이에요. 또한 축구에 대한 관심을 활용하여 축구 이외의 다양한 캠페인에 참여하고 있어요. 영국 방송사 BBC가 운영하는 Cbeebies 'Footy Pups'의 진행자이자 BBC, BT, SKY, ITV 등의 해설 위원으로도 활동하고 다양한 프로그램의 게스트로 잘 알려져 있어요. 축구에 헌신한 공로를 인정받아 2006년에 대영제국훈장을 받았고 2014년에는 대영제국훈장 4등급(장교)을 받았어요.
https://nosycrow.com/contributor/rachel-yankey/

솔 리네로(Sol linero) 그림

부에노스아이레스 출신의 일러스트레이터이자 그래픽 디자이너예요. 책, 퍼즐, 보드북, 메모리 게임과 같은 어린이용 제품에 아름다운 그림을 그렸어요. 에어비엔비, 포터리반 키즈, 유니세프 및 오프라, 제이미 올리버, 와이어드, 워싱턴 포스트와 함께 일했어요.
https://nosycrow.com/contributor/sol-linero/

박정화 옮김

단국대학교 대학원에서 영문학을 전공하고 동대학원에서 영문학 박사 학위를 받았어요. 현재 단국대학교에서 강의를 하면서 어린이책 번역가로 활동하고 있어요. 옮긴 책으로 「시니 소마라 박사가 들려주는 직업 이야기 시리즈」『돌아온, 할머니는 도둑』『물은 소중해요』『플라스틱은 왜 지구를 해칠까요?』『폭풍우 치는 날: 만화로 배우는 기후 이야기』 등이 있어요.

여러분도 할 수 있어요!

축구와 관련된 직업을 갖거나 축구 업계에서 일하고 싶다면 우선 축구공을 준비하세요!
친구들과 함께 경기를 하다 만약 축구를 전문적으로 하고 싶어진다면
학교 축구팀에 들어가거나 지역 축구 클럽에 가입할 수 있어요.
축구는 나이와 관계없이 시작할 수 있으며 아래 사이트에서 정보를 얻을 수 있어요.

프로 축구 선수 협회 www.thepfa.com
잉글랜드 축구 협회 www.thefa.com
잉글랜드 축구 협회 유소년 축구 가이드 http://www.thefa.com/get-involved/player/youth
유럽 축구 연맹 www.uefa.com
국제 축구 연맹(FIFA) www.fifa.com
국제 축구 선수 협회 www.fifpro.org

대한 축구 협회 www.kfa.or.kr
한국 프로 축구 연맹 www.kleague.com
한국 프로 축구 선수 협회 www.k-pfa.org
한국 유소년 축구 협회 https://i-web.kr/kyfa
한국 유소년 축구 클럽 연맹 http://kyfca.co.kr